Drinks ohne Alkohol

AUTORIN: ALESSANDRA REDIES | FOTOS: MICHAEL BRAUNER

Praxistipps

Extra

Rezepte

10 Voll Frucht – Vitamine zum Trinken

26 Das prickelt! – Mit viel Blubber im Glas

42 Creeemig... – Sanfte Sünden

Die Top 6 der Barhelfer

Barmaß Drinkrezepte sind ziemlich »empfindlich« – ein Zuviel der einen oder ein Zuwenig der anderen Zutat wirkt sich dramatisch auf den Geschmack aus. Damit die Mengenverhältnisse stimmen und der Drink so richtig »yummy« wird, muss exakt abgemessen werden. Nichts eignet sich dafür besser als ein Barmaß! Gut, wenn dieses eine 2-cl- und eine 4-cl-Eichung hat. Noch besser, wenn es zusätzlich eine Skalierung für 1 cl und 3 cl besitzt. Die Anschaffung lohnt sich und kostet nicht die Welt. Für alle Nur-ab-und-zu-Mixer: Ein geeichtes Schnapsglas lässt sich prima zweckentfremden.

Shaker Der klassische Edelstahl-Dreiteiler besteht aus Becher mit Deckel und Siebaufsatz. Letzterer hält die mitgeschüttelten Eiswürfel im Becher zurück, so dass sich der Kauf eines Barsiebs in der Regel erübrigt (Ausnahme: siehe unten). Cocktailshaker mit einem Unterteil aus Glas und einer cl-Skalierung vereinfachen das Abmessen der Zutaten, verlangen jedoch nach mehr Muskelkraft beim Schütteln: Sie sind um einiges schwerer als ihre Verwandten aus Edelstahl.

Barsieb Meist ist ein Barsieb entbehrlich. Nicht so, wenn dickflüssige Fruchtpürees oder gestößelte Früchte und Kräuter mitgeschüttelt werden. Diese verstopfen die Löcher des Shaker-Siebaufsatzes. In solchen Fällen leistet ein Barsieb (Strainer) beim Abgießen gute Dienste: Das Edelstahlteil mit geschlitzter Platte und Drahtspirale hält alles zurück, was nicht in den Drink soll, verstopft aber nicht.

Standmixer Ein wichtiges Utensil für Drinks und Smoothies mit frischen Früchten, Speiseeis oder Milchprodukten von festerer Konsistenz wie z. B. Joghurt. Ab damit in den Glasaufsatz, Knöpfchen drücken – fertig ist der Drink. Da der Glasaufsatz des Standmixers außerdem viel mehr Volumen fasst als ein Shaker, ist der Standmixer auch immer dann gefragt, wenn Sie ein Rezept gleich für mehrere Personen zubereiten wollen. Denn die Drinks einzeln nacheinander im Shaker zu schütteln, birgt das »Schüttelarm«-Risiko...

Stößel Um frische Früchte und/oder Kräuter für Drinks wie Ipanema (Seite 30) oder Dragonfly (Seite 31) zu zerquetschen, benötigen Sie einen Stößel. Ideal ist einer aus massivem Holz und mit langem Stiel, so dass Sie in hohen Gläsern und im Shakerbecher bequem arbeiten können. Ebenfalls von Vorteil ist ein geriffelter Kopf, der von glatten Limettenschalen nicht abrutschen kann.

Eismühle Gestoßenes Eis im Handumdrehen – der Icecrusher macht's möglich. Hochwertige Geräte sind massiv und schwer für einen guten Stand und haben ein Edelstahl-Mahlwerk. Ganz luxuriös sind Geräte, mit denen Sie das Eis direkt ins Glas crushen können. Ab 30 € aufwärts sollten Sie für eine gute Eismühle investieren, verdächtig billige Crusher geben meist schnell den Geist auf. Bevor das Sparschwein dran glauben muss: Eiswürfel in ein sauberes Küchentuch einschlagen und mit Nudelholz oder Hammer klein klopfen.

Barmaß

Shaker

Barsieb

Standmixer

Stößel

Eismühle

Welches Glas für welchen Drink

Cocktailschale In diesen Gläsern (ideal mit 15 cl Fassungsvermögen) kommen Drinks sehr sti(e)lvoll daher. Aber es sprechen auch praktische Gründe für Cocktailschalen: Sie sind immer dann gefragt, wenn Drinks nicht auf Eis abgegossen, also im Glas nicht weiter gekühlt werden. Hier ist ein Glas mit Stiel perfekt, denn daran kann man es anfassen, ohne dass der Drink lau wird.

Schlichte Bechergläser In ihnen fühlen sich die meisten der hier vorgestellten Drinks pudelwohl. Die Basisausstattung besteht aus Longdrinkgläsern mit 25 cl Fassungsvermögen und großen Cocktailgläsern, die 30 cl Flüssigkeit aufnehmen können. Ob schnörkellose oder so genannte Fancy-Gläser, bekannt aus Cocktailbars – allein eine Frage Ihres Geschmacks. Nett, aber nicht unbedingt nötig: kleinere 20-cl-Gläser, z.B. klassische Tumbler.

Sekt- und Weinglas Welcome-Drinks wie der Tangy Tango (Seite 20) haben in einer Sektflöte mit 20 cl Fassungsvermögen ihren eleganten Auftritt, schmecken aus einem Becherglas aber ebenso gut. Große Weingläser mit Stiel (30 cl) sind schön für Drinks wie den Lip Gloss (Seite 22), die mit Eis gemixt, aber ohne weiteres Eis serviert werden.

Drinks im Shaker schütteln – so geht's

Drinks im Shaker schütteln muss nicht so aussehen wie beim Bartender – Hauptsache, das Ergebnis schmeckt!

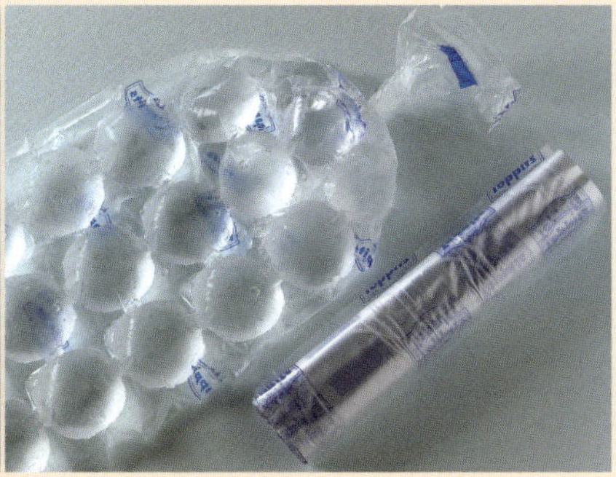

Bevor Sie mit dem Shaken beginnen, sollten Sie im Gefrierfach nachsehen, wie es um Ihren Bestand an Eiswürfeln bestellt ist. Für cooles Mixvergnügen brauchen Sie nämlich eine ganze Menge davon – pro Drink etwa acht Stück: vier fürs Schütteln im Shaker und weitere vier fürs Servieren im Glas. Wollen Sie ein großes Cocktailglas mit 30 cl etwa zur Hälfte mit gestoßenem Eis füllen, benötigen Sie sogar 6–7 Eiswürfel.

Um große Mengen herzustellen, sind Eiswürfelbeutel aus Kunststoff ideal, weil sie preiswert, platzsparend und hygienisch zugleich sind. Außerdem lassen sich die fertigen Eiswürfel ganz leicht herauslösen. Wenn Sie klassische Eiswürfelschalen bevorzugen, setzen Sie die Eiswürfel immer ganz frisch an: Da sie in den Schalen offen gefrieren, nehmen sie schnell Gerüche der anderen im Eisfach gelagerten Lebensmittel an.

Genug Eiswürfel parat? Dann kann's losgehen: Stellen Sie alle benötigten Zutaten und Geräte bereit. Messen Sie die Zutaten mit dem Barmaß exakt ab und geben Sie sie in den Shaker. Wird der Drink auf gestoßenes Eis abgegossen, jetzt zunächst die Eiswürfel crushen und ins Glas geben. Ansonsten 4 Eiswürfel ins Glas und parallel auch 4 Stück in den Shaker geben. Den Shaker verschließen und etwa 20 Sek. kräftig auf und ab schütteln, bis der Shaker außen ganz beschlagen ist – daran erkennen Sie, dass der Drink gut durchgekühlt ist. Den kleinen Deckel abnehmen, den Drink durch den Siebaufsatz in das Glas gießen und genießen!

DEKO-TIPP

Fruchtspieße, Schalenspiralen, verzierte Glasränder und Co. sollten immer vor dem Drink fertig sein: Je länger ein Drink steht, desto schneller verwässert er und verliert deutlich an Geschmack.

Flüssige Süße von klar bis bunt

Sirupe machen Drinks nicht nur schön süß – sie setzen vor allem Geschmacksakzente. Sie können Sirupe in guter Qualität kaufen, doch viele sind ganz einfach selber zu machen!

Vanillesirup

Für ca. ⅛ l Sirup 1 Vanilleschote längs aufschlitzen, das Mark herauskratzen. Vanilleschoten und -mark, 200 ml Wasser und 3 EL Zucker in einem kleinen Topf aufkochen und dann offen bei mittlerer Hitze 5–7 Min. leise kochen lassen. Erkalten lassen. Die Schoten entfernen und den Sirup durch ein feines Sieb in eine kleine Flasche umfüllen.

Pfefferminzsirup

Für ca. ⅛ l Sirup 3 Minzestängel, 200 ml Wasser (oder für noch mehr Aroma Pfefferminztee) und 3 EL Kristallzucker in einem kleinen Topf einmal aufkochen und dann offen bei mittlerer Hitze 5–7 Min. leise kochen lassen. Die Minzestängel entfernen und den Sirup erkalten lassen. Nach Belieben mit grüner Lebensmittelfarbe färben. Den Sirup durch ein feines Sieb in eine kleine Flasche umfüllen.

Zuckersirup

Für ca. 1 l Sirup 1 l Wasser sprudelnd aufkochen. 1 kg Kristallzucker hineingeben und unter Rühren so lange kochen, bis die Flüssigkeit klar ist. Unter Rühren bei mittlerer Hitze noch ca. 5 Min. kochen lassen – je länger, desto dickflüssiger wird der Sirup. Kalt in eine verschließbare Flasche umfüllen.

Holunderblütensirup

Für ca. 1 l Sirup 1 kg Kristallzucker in 1 l sprudelnd kochendem Wasser kochen, bis sich der Zucker gelöst hat. Erkalten lassen. 1 Bio-Zitrone heiß waschen, trockenreiben und in Scheiben schneiden. 8–10 Holunderblütendolden waschen, trockenschütteln. Mit den Zitronenscheiben und 10 g Zitronensäure (aus der Apotheke) in eine Schüssel geben. Mit dem Zuckersirup übergießen und zugedeckt 5 Tage im Kühlschrank durchziehen lassen. Durch ein Sieb in eine Flasche füllen.

Limettensirup

Für ca. ⅛ l Sirup 4–5 Limetten auspressen, 200 ml Limettensaft abmessen. Diesen in einem kleinen Topf mit 4 EL braunem Rohrohrzucker einmal aufkochen und dann offen bei mittlerer Hitze 5–7 Min. leise kochen lassen. Den Sirup durch ein feines Sieb gießen und erkalten lassen.

VARIANTE – LIME-MINT-SIRUP

Für ca. ⅛ l Sirup 2–3 Stängel frische Minze waschen, trockenschütteln und mit 120 ml frisch gepresstem Zitronensaft, 80 ml frisch gepresstem Limettensaft und 4 EL braunem Rohrohrzucker in einen kleinen Topf geben. Einmal aufkochen und dann offen bei mittlerer Hitze 5–7 Min. leise kochen lassen. Die Minzestängel entfernen und den Sirup durch ein feines Sieb gießen. Erkalten lassen und in eine kleine Flasche umfüllen.

Orangensirup

Für ca. ⅛ l Sirup 200 ml frisch gepressten Orangensaft mit 2 EL flüssigem Honig in einem kleinen Topf einmal aufkochen und dann offen bei mittlerer Hitze 5–7 Min. leise kochen lassen. Den Sirup durch ein feines Sieb gießen und erkalten lassen.

VARIANTE – ORANGEN-THYMIAN-SIRUP

Den Sirup wie oben beschrieben zubereiten, nur zusätzlich noch 2–3 kleine Thymianzweige mitkochen lassen. Diese nach dem Kochen entfernen.

Grenadinesirup

Für ca. ⅛ l Sirup 2 Granatäpfel quer halbieren und mit Hilfe der Zitronenpresse auspressen (Vorsicht, spritzt!). 200 ml Saft abmessen und mit 2 EL Kristallzucker in einem kleinen Topf einmal aufkochen und dann offen bei mittlerer Hitze 5–7 Min. leise kochen lassen. Erkalten lassen.

Voll Frucht

Intensiv fruchtig, aber nicht zu süß – so mag ich's am liebsten. Weswegen der quietschorange Jungle Boogie meine Nummer 1 ist: Orange, Physalis und Ananas sind die Hauptdarsteller in Sachen Frucht, Grapefruit und Limette sorgen für eine feinherb-säuerliche Komponente. Bringt mich in (Hüft-)Schwung!

Jungle Boogie

½ Bio-Orange
8 Physalis (Kapstachelbeeren; ca. 35 g)
6 cl Ananassaft
1 cl frisch gepresster Grapefruitsaft
1 Spritzer frisch gepresster Limettensaft
1 cl Mangosirup

Für die Deko:
2 Physalis | 1 Stück frische Ananas | Cocktailspieß

Außerdem:
Standmixer | gestoßenes Eis | Trinkhalm

Für 1 großes Cocktailglas (30 cl)
Pro Drink ca. 110 kcal, 1 g EW, 0 g F, 23 g KH

1 Für die Deko die Hüllblätter der Physalis etwas auseinanderbiegen, aber nicht entfernen. Mit dem Ananasstück auf den Cocktailspieß stecken.

2 Für den Drink die Orange so schälen, dass auch die weiße Fruchthaut entfernt wird. Die Fruchtfilets mit einem scharfen Messer aus den Trennhäutchen in den Mixer schneiden. Die Physalis aus den braunen Blättern lösen, waschen, trockentupfen, halbieren und ebenfalls in den Mixer geben.

3 Ananassaft, Grapefruitsaft, Limettensaft sowie den Mangosirup zu den Früchten in den Mixer geben und durchmixen, bis eine homogene Flüssigkeit entstanden ist.

4 Das Cocktailglas etwa zur Hälfte mit gestoßenem Eis füllen. Den Drink darüber gießen und einmal kurz durchrühren. Den vorbereiteten Cocktailspieß auf den Glasrand legen und den Drink mit Trinkhalm servieren.

klassischer Non-Alcoholic

Pussy Foot

6 cl Ananassaft | 6 cl frisch gepresster Orangensaft | 6 cl frisch gepresster Grapefruitsaft | 2 cl Grenadinesirup (siehe S. 9)

Für die Deko:

½ Scheibe Ananas | 1 Cocktailkirsche | Cocktailspieß

Außerdem:

Eiswürfel | Shaker | Barsieb | Trinkhalm

Für 1 großes Cocktailglas (30 cl)
Pro Drink ca. 180 kcal, 1 g EW, 0 g F, 43 g KH

1 Für die Deko die Ananasscheibe bis zur Mitte einschneiden und an den Glasrand stecken. Die Cocktailkirsche aufspießen und hineinstecken.

2 Ananassaft, Orangensaft, Grapefruitsaft, Grenadinesirup sowie 4 Eiswürfel in den Shaker geben. Den Shaker verschließen und ca. 20 Sek. kräftig schütteln. Den Drink durch das Barsieb auf 4 frische Eiswürfel in das Cocktailglas gießen und mit Trinkhalm servieren.

Sorbet zum Schlürfen

Kiddie Peach Daiquiri

1 vollreifer Pfirsich (ca. 160 g) | 4 cl frisch gepresster Limettensaft | 3 cl Zuckersirup (siehe S. 8) | 1 Pfirsichspalte zur Deko

Außerdem:

Standmixer | gestoßenes Eis

Für 1 großes Weinglas (30 cl)
Pro Drink ca. 155 kcal, 2 g EW, 0 g F, 37 g KH

1 Den Pfirsich mit kochendem Wasser überbrühen und häuten. Das Fruchtfleisch direkt in den Mixer schneiden. Limettensaft, Zuckersirup sowie 7–8 EL gestoßenes Eis dazugeben.

2 Durchmixen, bis ein homogenes Mus entstanden ist. Dieses in das Weinglas gießen und die Pfirsichspalte dekorativ an den Glasrand stecken.

TIPP – EINFACH TAUSCHEN

Der Null-Promille-Daiquiri schmeckt nicht nur mit Pfirsich: auch lecker mit 1 vollreifen Banane oder 150 g frischen Erdbeeren.

blau ganz ohne Alkohol

Speedy Gonzales

6 cl Maracujanektar | 6 cl frisch gepresster Grapefruitsaft | 6 cl Bananennektar | 2 cl Blue-Curaçao-Sirup

Außerdem:

Eiswürfel | Shaker | Barsieb | Trinkhalm

Für 1 großes Cocktailglas (30 cl)
Pro Drink ca. 155 kcal, 1 g EW, 0 g F, 40 g KH

1 Maracujanektar, Grapefruitsaft, Bananennektar, Curaçao-Sirup sowie 4 Eiswürfel in den Shaker geben. Den Shaker verschließen und ca. 20 Sek. kräftig schütteln.

2 Den Drink durch das Barsieb auf 4 frische Eiswürfel in das Cocktaillas gießen. Den Drink mit Trinkhalm servieren.

macht Müde munter

Grapy Sour

je 4 cl weißer und roter Traubensaft | 2 cl frisch gepresster Limettensaft | 2 cl Zuckersirup (siehe S. 8) | 1 Prise frisch geriebene Muskatnuss | 1 sehr frisches Eiweiß (nach Belieben) | 4–5 kernlose dunkle Trauben zur Deko | Cocktailspieß

Außerdem:

Eiswürfel | Shaker | Barsieb | Trinkhalm

Für 1 Longdrinkglas (25 cl)
Pro Drink ca. 160 kcal, 4 g EW, 0 g F, 36 g KH

1 Für die Deko die Trauben waschen, trockentupfen und auf den Cocktailspieß stecken. Für den Drink die Traubensäfte, Limettensaft, Zuckersirup, Muskatnuss, nach Belieben das Eiweiß sowie 4 Eiswürfel in den Shaker geben.

2 Den Shaker verschließen und ca. 20 Sek. kräftig schütteln. Den Drink durch das Barsieb in das Glas gießen. Den Cocktailspieß auf den Glasrand legen und den Drink mit Trinkhalm servieren.

süß und belebend

Winzertrunk

Melissenfrisch, limettensauer und traubensüß – dieser Drink bringt nicht nur müde Winzer auf Trab ...

70 g kernlose weiße Trauben
10 Blättchen Zitronenmelisse
3 cl Birnensaft
3 cl naturtrüber Apfelsaft
1 cl Limettensirup (siehe S. 9)
1 Stängel Zitronenmelisse zur Deko

Außerdem:
Stößel | Shaker | Eiswürfel | Barsieb

Für 1 Cocktailschale (15 cl)
Pro Drink ca. 110 kcal, 1 g EW, 0 g F, 27 g KH

1 Für die Deko den Zitronenmelissestängel kalt waschen und trockenschütteln. Für den Drink Trauben und Melisseblättchen waschen, trockentupfen. Beides in den Shaker geben und mit dem Stößel gut zerquetschen.

2 Birnensaft, Apfelsaft, Limettensirup sowie 4 Eiswürfel dazugeben. Den Shaker verschließen und ca. 20 Sek. kräftig schütteln. Den Drink durch das Barsieb in die Cocktailschale gießen. Mit dem Melissestängel garnieren und sofort servieren.

DEKO-VARIANTE

Macht ein bisschen Arbeit, dafür aber auch schwer was her: 20–25 kleine dunkle kernlose Trauben waschen, trockentupfen und vorsichtig bis zur Mitte einschneiden. Die Trauben dicht an dicht an den Glasrand stecken.

rassiger Beerenmix

Red Catwalk

In diesem funkelnd roten Drink setzen etwas Basilikum und eine Spur Bitterextrakt würzige bis feinherbe Akzente.

6 TK-Erdbeeren (ca. 50 g)
8 Blättchen Basilikum
6 cl Cranberry-Fruchtsaftgetränk
2 cl Himbeer-Muttersaft (aus dem Reformhaus)
2 cl Grenadinesirup (siehe S. 9)
1 cl alkoholfreier Bitterextrakt (z. B. Monin Bitter)
1 frische Erdbeere zur Deko

Außerdem:
Standmixer | gestoßenes Eis | Trinkhalm

Für 1 Longdrinkglas (25 cl)
Pro Drink ca. 150 kcal, 0 g EW, 0 g F, 36 g KH

1 Für die Deko die frische Erdbeere waschen und trockentupfen. Den Blütenkelch an der Frucht belassen und die Beere unten bis zur Hälfte einschneiden. Die Beere an den Glasrand stecken.

2 Für den Drink die TK-Erdbeeren unaufgetaut mit den übrigen Zutaten in den Standmixer geben. Gut durchmixen, bis eine homogene Flüssigkeit entstanden ist. Das vorbereitete Glas etwa zur Hälfte mit gestoßenem Eis füllen und den Drink darüber gießen. Mit Trinkhalm servieren.

DEKO-VARIANTE

Für einen rot-grünen Farbmix den Drink mit 1 Stängel Basilikum garnieren.

vorn: Red Catwalk | hinten: Winzertrunk

weich und fein säuerlich

Grüne Ampel

Exotisch fruchtig und leuchtend grün: ein Blickfang-Digestif. Oder ein morgendlicher Muntermacher – ganz wie's beliebt!

1 Kiwi (ca. 100 g) | 40 g Fruchtfleisch von 1 vollreifen Avocado | 1 cl frisch gepresster Limettensaft | 6 cl frisch gepresster Orangensaft | 1 cl Blue-Curaçao-Sirup | 1 cl Zuckersirup (siehe S. 8) | 1 Kiwischeibe zur Deko

Außerdem:
Standmixer | Shaker | Eiswürfel | Barsieb

Für 1 Cocktailschale (15 cl)
Pro Drink ca. 225 kcal, 2 g EW, 10 g F, 31 g KH

1 Die Kiwi mit dem Sparschäler schälen, längs halbieren, den weißen Strunk in der Mitte jeweils entfernen. Die Kiwihälften und das Avocadofruchtfleisch fein würfeln. Beides in den Standmixer geben und sofort mit Limettensaft beträufeln.

2 2 cl Orangensaft zum Fruchtfleisch in den Mixer geben und durchmixen, bis ein homogenes Mus entstanden ist.

3 Das Kiwi-Avocado-Mus in den Shaker geben. 4 cl Orangensaft, Blue-Curaçao-Sirup, Zuckersirup sowie 4 Eiswürfel dazugeben. Den Shaker verschließen und ca. 20 Sek. kräftig schütteln.

4 Den Drink durch das Barsieb in die Cocktailschale gießen. Für die Deko die Kiwischeibe bis zur Mitte einschneiden, an den Glasrand stecken und den Drink sofort servieren.

GUT ZU WISSEN

Richtig schön weich, cremig und nussig im Geschmack – so sollte die Avocado für diesen Drink sein. Vollreife Früchte der Sorte »Hass« bringen genau diese Eigenschaften mit. Übrigens: 40 g Fruchtfleisch entsprechen etwa ¼ Avocado. Darum ist dieser Drink bestens geeignet, ihn gleich für 4 zu mixen!

frisch und blütenfein

Sweetie Nashi

½ Nashi-Birne (ca. 100 g; ersatzweise Birne) | 1 cl frisch gepresster Limettensaft | 1 Sweetie (ersatzweise Pink Grapefruit) | 2 cl Orangenblütenwasser (aus Apotheke oder Orientladen) | 1 cl Limettensirup (siehe S. 9)

Außerdem:
Standmixer | gestoßenes Eis | Trinkhalm

Für 1 Longdrinkglas (25 cl)
Pro Drink ca. 125 kcal, 1 g EW, 0 g F, 31 g KH

1 Die Nashi-Birne schälen, das Kerngehäuse entfernen und die Birne fein würfeln. In den Mixer geben und sofort mit Limettensaft beträufeln. Die Sweetie auspressen und 8–9 cl des Safts mit Orangenblütenwasser und Limettensirup zur Birne in den Mixer geben. Durchmixen, bis eine homogene Flüssigkeit entstanden ist.

2 Das Glas zur Hälfte mit gestoßenem Eis füllen. Den Drink darüber gießen und einmal kurz durchrühren. Mit Trinkhalm servieren.

schön süß mit Schärfekick

Manamana

80 g abgetropfte Mandarin-Orangen (aus der Dose) | ½ TL frisch geriebener Ingwer | 6 cl Ananassaft | 2 cl Aprikosennektar | 2 cl Mangosirup

Außerdem:
Standmixer | gestoßenes Eis | Trinkhalm

Für 1 Longdrinkglas (25 cl)
Pro Drink ca. 165 kcal, 1 g EW, 0 g F, 41 g KH

1 Mandarin-Orangen, Ingwer, Ananassaft, Aprikosennektar und Mangosirup im Mixer durchmixen, bis eine homogene Flüssigkeit entstanden ist.

2 Das Glas etwa zur Hälfte mit gestoßenem Eis füllen. Den Drink darüber gießen, einmal kurz durchrühren und mit Trinkhalm servieren.

TIPP – SCHÖN FÜRS AUGE

Sie können den Drink mit ¼ Scheibe Ananas oder einem spiralartig abgeschälten Stück Orangenschale dekorieren. Ananas bzw. Orangenschale einfach an den Glasrand stecken bzw. hängen.

unschlagbarer Durstlöscher

Peachy Iced Tea

Dagegen sehen überzuckerte, künstlich aromatisierte Eistees aus der Tüte echt alt aus!

2 TL schwarze Teeblätter | 2 Pfirsiche
3 cl frisch gepresster Zitronensaft
4 cl Orangenblütenwasser (aus Apotheke oder Orientladen) | 4 cl Zuckersirup (siehe S. 8)
3 cl Limettensirup (siehe S. 9)
8 cl Pfirsichnektar | 2 Bio-Zitronen zur Deko
Zuckersirup zum Nachsüßen (nach Belieben)
Außerdem:
Tee-Filterbeutel | Eiswürfel | Trinkhalme

Für 4 Longdrinkgläser (à 25 cl)
Pro Drink ca. 75 kcal, 0 g EW, 0 g F, 19 g KH

1 ½ l Wasser zum Kochen bringen. Die Teeblätter in einen Filterbeutel geben, mit dem Wasser überbrühen und 2–3 Min. ziehen lassen. Währenddessen die Pfirsiche waschen und halbieren, das Fruchtfleisch vom Stein lösen und würfeln.

2 Pfirsiche, Zitronensaft, Orangenblütenwasser, Zucker- und Limettensirup in den Tee geben. Erkalten lassen, zugedeckt 12 Std. kühl stellen.

3 Am nächsten Tag durch ein Sieb in eine Kanne gießen und mit dem Pfirsichnektar verrühren (die Pfirsiche sind geschmacklich ausgelaugt). Die Zitronen heiß waschen, trockenreiben, in je 8 dünne Scheiben schneiden. Abwechselnd je 4 Zitronenscheiben und 4 Eiswürfel in die Gläser schichten. Pfirsich-Eistee darüber gießen und nach Belieben noch mit je 1 cl Zuckersirup nachsüßen.

asiatisch inspiriert | zitronig

Green Lemon Tree

Ins Nachmittagsloch gefallen? Kaffee war gestern – grüner Tee bringt Sie viel besser wieder in Schwung!

1 Stängel Zitronengras (aus dem Asienladen)
5 Blättchen Zitronenmelisse
2 cl Zuckersirup (siehe S. 8)
12 cl starker kalter grüner Tee
4 cl Birnensaft
1 cl frisch gepresster Limettensaft
1 Stängel Zitronengras zur Deko
Außerdem:
Stößel | gestoßenes Eis | Trinkhalm

Für 1 großes Cocktailglas (30 cl)
Pro Drink ca. 90 kcal, 0 g EW, 0 g F, 23 g KH

1 Die beiden Stängel Zitronengras waschen und trockentupfen. 1 Stängel für die Deko beiseite legen. Von dem anderen Stängel nur den unteren weißen Teil verwenden: Das äußere Blatt entfernen und den Stängel längs halbieren. Beide Hälften flach klopfen und klein schneiden.

2 Zitronengras, Zitronenmelisse und Zuckersirup in das Cocktailglas geben und mit dem Stößel gut zerquetschen.

3 Tee, Birnensaft und Limettensaft verrühren. Das Glas etwa zur Hälfte mit gestoßenem Eis auffüllen und die Tee-Saft-Mischung darüber gießen. Mit dem Zitronengrasstängel garnieren und den Drink mit Trinkhalm servieren.

links: Peachy Iced Tea | rechts: Green Lemon Tree

eleganter Welcome-Drink

Tangy Tango

4 cl naturtrüber Apfelsaft | 4 cl Birnensaft | 2 cl frisch gepresster Grapefruitsaft | 1 cl Triple-Sec-Sirup (ersatzweise Orangensirup, siehe S. 9)

Außerdem:

Eiswürfel | Shaker | Barsieb

Für 1 Sektflöte (20 cl)
Pro Drink ca. 65 kcal, 0 g EW, 0 g F, 15 g KH

1 Apfelsaft, Birnensaft, Grapefruitsaft, Triple-Sec-Sirup sowie 4 Eiswürfel in den Shaker geben. Den Shaker verschließen und ca. 20 Sek. kräftig schütteln.

2 In die Sektflöte 1 frischen Eiswürfel geben. Den Drink durch das Barsieb darüber gießen und sofort servieren.

duftig-leichter Aperitif

Flipflop

7 Lychees (Litschis, ca. 100 g) | 3 kleine Clementinen (ca. 200 g) | 1 cl Rosenwasser (aus Apotheke oder Orientladen) | 1 ½ cl Zuckersirup (siehe S. 8)

Außerdem:

Shaker | Stößel | Eiswürfel | Barsieb

Für 1 Cocktailschale (15 cl)
Pro Drink ca. 110 kcal, 1 g EW, 0 g F, 28 g KH

1 Die Lychees schälen, vom Stein direkt in den Shaker schneiden und mit dem Stößel gut zerquetschen. Die Clementinen auspressen.

2 6 cl Clementinensaft, Rosenwasser, Zuckersirup sowie 4 Eiswürfel zum Lycheemus in den Shaker geben. Verschließen und ca. 20 Sek. kräftig schütteln. Den Drink durch das Barsieb in die Cocktailschale gießen und sofort servieren.

DIGESTIF-VARIANTE

Mit zusätzlich 1 cl Mangosirup wird der Drink schön süß.

belebender Après-Ski-Drink

Abfahrt

25 g frische Cranberries (ersatzweise Himbeeren) | 8 cl roter Traubensaft | 2 TL flüssiger Honig | 2–3 Prisen gemahlene Nelken | 4 cl frisch gepresster Orangensaft | 4 cl Kirschsaft | 1 cl Limettensirup (siehe S. 9)

Außerdem:

Standmixer | Eiswürfel | Shaker | Barsieb

Für 1 Longdrinkglas (25 cl)
Pro Drink ca. 200 kcal, 1 g EW, 0 g F, 49 g KH

1 Die Cranberries waschen. Mit Traubensaft, Honig und Nelkenpulver in einem kleinen Topf aufkochen und bei schwacher Hitze 2–3 Min. leise köcheln lassen. Erkalten lassen, dann im Mixer zu einem homogenen Mus pürieren.

2 Cranberry-Mus, Orangensaft, Kirschsaft, Limettensirup sowie 4 Eiswürfel in den Shaker geben, verschließen und ca. 20 Sek. kräftig schütteln. Den Drink durch das Barsieb auf 4 frische Eiswürfel in das Glas gießen. Mit Trinkhalm servieren.

säuerlich-frisch

Mit Meerblick

4 cl Bananennektar | 4 cl frisch gepresster Grapefruitsaft | 2 cl frisch gepresster Orangensaft | 2 cl frisch gepresster Limettensaft | 2 cl Blue-Curaçao-Sirup | 2 Cocktailkirschen zur Deko

Außerdem:

Eiswürfel | Shaker | gestoßenes Eis | Barsieb | Trinkhalm

Für 1 Longdrinkglas (25 cl)
Pro Drink ca. 130 kcal, 0 g EW, 0 g F, 33 g KH

1 Bananennektar, Grapefruitsaft, Orangensaft, Blue-Curaçao-Sirup sowie 4 Eiswürfel in den Shaker geben. Den Shaker verschließen und ca. 20 Sek. kräftig schütteln.

2 Das Glas etwa zur Hälfte mit gestoßenem Eis füllen und den Drink durch das Barsieb darüber gießen. Die Cocktailkirschen dekorativ hineinsetzen und den Drink mit Trinkhalm servieren.

weckt Tropenträume

Lip Gloss

Ananas, Erdbeeren und Kokos – eine klassische Kombination, die hier mit Knispereffekt überrascht.

1 dünne Scheibe frische Ananas (ca. 175 g; ersatzweise 1 Scheibe aus der Dose)
5 TK-Erdbeeren (ca. 40 g)
4 cl Ananassaft
1 cl frisch gepresster Zitronensaft
2 cl Kokossirup | 1 TL Kokosflocken
Für die Deko:
Kokosflocken | 1/4 Zitrone | 1 TL Erdbeersirup
Außerdem:
Standmixer | gestoßenes Eis | Trinkhalm

Für 1 großes Weinglas (30 cl)
Pro Drink ca. 200 kcal, 1 g EW, 3 g F, 40 g KH

1 Für die Deko die Kokosflocken auf einen flachen Teller geben. Den Rand des Weinglases zunächst im Zitronenviertel drehen, dann in die Kokosflocken tupfen. Überschüssige Flocken durch leichtes Klopfen am Glas entfernen.

2 Die Ananasscheibe schälen, fein würfeln und mit den gefrorenen TK-Erdbeeren in den Mixer geben. Ananassaft, Zitronensaft, Kokossirup, Kokosflocken sowie 6–7 EL gestoßenes Eis hinzufügen. Durchmixen, bis eine homogene Flüssigkeit entstanden ist. Diese in das vorbereitete Glas gießen.

3 Den Erdbeersirup dekorativ über den Drink laufen lassen und diesen mit Trinkhalm servieren. Vor dem Trinken einmal durchrühren.

honigsüß | feinherb

Having Hopes

»An apple a day keeps the doctor away.« – Mit diesem Drink haben Sie dafür schon die halbe Miete ...

100 g säuerlicher Apfel (z. B. Granny Smith)
1 cl frisch gepresster Zitronensaft
5 Blättchen frische Minze
6 cl frisch gepresster Grapefruitsaft
2 TL flüssiger Honig (z. B. Waldhonig)
Außerdem:
Standmixer | gestoßenes Eis | Trinkhalm

Für 1 großes Cocktailglas (30 cl)
Pro Drink ca. 125 kcal, 1 g EW, 0 g F, 29 g KH

1 Den Apfel schälen, dabei für die Deko 1 längeres Stück Apfelschale spiralförmig abschälen. Das Kerngehäuse entfernen und das Fruchtfleisch sehr fein reiben. Sofort in den Mixer geben und mit Zitronensaft beträufeln.

2 Die Minzeblättchen kalt waschen und trockentupfen. Mit Grapefruitsaft, Honig sowie 5–6 EL gestoßenem Eis zum Apfel geben. Durchmixen, bis eine homogene Flüssigkeit entstanden ist.

3 Diese in das Cocktailglas gießen und die Apfelschalenspirale an den Glasrand hängen. Den Drink mit Trinkhalm servieren.

FRUCHTIGE VARIANTE

Wenn Ihnen die feinherbe Geschmacksrichtung nicht so sehr liegt, mixen Sie den Drink statt mit Grapefruitsaft einfach mit der gleichen Menge Orangensaft.

hinten: Lip Gloss | vorne: Having Hopes

Gute-Laune-Drink

Take Me Dancing

Cranberry-Fruchtsaftgetränk für die Cubes | ½ Bio-Limette | 1–2 TL flüssiger Honig | naturtrüber Apfelsaft zum Aufgießen
Außerdem:
Eiswürfelschale | Stößel | Eismühle | Trinkhalm

Für 1 Longdrinkglas (25 cl)
Pro Drink ca. 170 kcal, 0 g EW, 0 g F, 41 g KH

1 Am Vortag für die Cubes (Eiswürfel) die Eiswürfelschale mit Cranberry-Fruchtsaftgetränk füllen und über Nacht ins Gefrierfach stellen.

2 Am nächsten Tag die Limette heiß waschen, trockenreiben und vierteln. Mit dem Honig in das Glas geben und mit dem Stößel so lange und gründlich quetschen, bis sich der Honig aufgelöst hat.

3 7–8 Cranberry-Cubes in der Eismühle crushen, in das Glas geben. Mit Apfelsaft aufgießen und mit Trinkhalm servieren.

feinherb-säuerlicher Tropical

Wolkenglühen

½ Bio-Pink Grapefruit | 2 TL brauner Rohrohrzucker | 6 cl Maracujanektar | 1 cl frisch gepresster Limettensaft
Außerdem:
Stößel | gestoßenes Eis | Trinkhalm

Für 1 Longdrinkglas (25 cl)
Pro Drink ca. 135 kcal, 1 g EW, 0 g F, 30 g KH

1 Die Grapefruithälfte halbieren, das Fruchtfleisch mit einem scharfen Messer aus der Schale schneiden und fein würfeln. Dabei die weißen Trennhäutchen entfernen. Das Fruchtfleisch in das Glas geben, mit dem Zucker bestreuen und mit dem Stößel gut zerquetschen.

2 Das Glas bis kurz unter den Rand mit gestoßenem Eis auffüllen. Maracujanektar und Limettensaft darüber gießen und den Drink mit Trinkhalm servieren. Vor dem Trinken einmal durchrühren.

aromatisch-süß | schmeckt Kindern

Halali

½ Bio-Limette | 2 cl Waldmeistersirup | 4 cl Ananassaft | 4 cl Birnensaft
Außerdem:
Stößel | gestoßenes Eis | Trinkhalm

Für 1 Longdrinkglas (25 cl)
Pro Drink ca. 125 kcal, 1 g EW, 0 g F, 30 g KH

1 Die Limette heiß waschen, trockenreiben und vierteln. Mit dem Waldmeistersirup in das Glas geben und mit dem Stößel gut zerquetschen.

2 Das Glas bis kurz unter den Rand mit gestoßenem Eis auffüllen. Ananassaft und Birnensaft darüber gießen und den Drink mit Trinkhalm servieren. Vor dem Trinken einmal durchrühren.

Sangría ganz promillefrei

Hola Lola!

2 cl Kirschsirup | 4 cl roter Traubensaft | 4 cl frisch gepresster Orangensaft | 1 cl frisch gepresster Zitronensaft | 1 dünne Scheibe von 1 Bio-Orange und 3 dünne Scheiben von 1 Bio-Zitrone zur Deko
Außerdem:
Eiswürfel | Trinkhalm

Für 1 Longdrinkglas (25 cl)
Pro Drink ca. 120 kcal, 0 g EW, 0 g F, 28 g KH

1 Für die Deko die Orangenscheibe halbieren. Die Hälften abwechselnd mit den Zitronenscheiben und 4 Eiswürfeln in das Glas schichten.

2 Zunächst den Kirschsirup, dann Traubensaft, danach Orangensaft und schließlich Zitronensaft darüber gießen. Auf diese Weise ergeben sich vier ineinander übergehende Farbschichten. Den Drink mit Trinkhalm servieren. Vor dem Trinken einmal durchrühren.

Das prickelt!

Für viel Blubber und Zisch im Glas bin ich immer zu haben! Und für exotische Aromen sowieso. Beides kombiniert ist gleich Casa Mandaley! Wie ich auf diesen Namen gekommen bin? Nun: Mixen Sie sich den prickelnden Tropical und kommen Sie mit in meine Fantasie-Hütte in der Karibik – die heißt nämlich genauso...

Casa Mandaley

1 Mandarine (ersatzweise 1 Clementine)
60 g Ananasfruchtfleisch
40 g Banane
2½ cl Maracujanektar
½ cl Limettensirup (siehe S. 9)
½ cl Mangosirup
eiskalte Orangenlimonade zum Aufgießen
Außerdem:
Standmixer | gestoßenes Eis | Trinkhalm

Für 1 großes Cocktailglas (30 cl)
Pro Drink ca. 105 kcal, 1 g EW, 0 g F, 26 g KH

1 Die Mandarine auspressen. Das Ananasfruchtfleisch fein würfeln. In den Mixer geben. Die Banane schälen, in Scheiben schneiden und ebenfalls in den Mixer geben. Sofort 3½ cl des Mandarinensafts darüber träufeln.

2 Maracujanektar, Limetten- und Mangosirup zu den Früchten in den Mixer geben. Durchmixen, bis eine homogene Flüssigkeit entstanden ist.

3 Das Cocktailglas etwa zur Hälfte mit gestoßenem Eis füllen. Den Drink darüber gießen und mit Orangenlimonade aufgießen. Einmal kurz durchrühren und den Drink mit Trinkhalm servieren.

DEKO-TIPP

Den Glasrand in ¼ Bio-Limette drehen und in einen flachen Teller mit abgeriebener Schale von 1 Bio-Limette tupfen. Überschüssige Limettenschale durch leichtes Klopfen am Glas entfernen.

Klassiker ohne Katergefahr

Planters Placebo Punch

7 cl frisch gepresster Grapefruitsaft
5 cl Ananassaft
1 cl frisch gepresster Limettensaft
½ cl Limettensirup (siehe S. 9)
½ cl Zuckersirup (siehe S. 8)
eiskaltes Ginger Ale zum Aufgießen
1 Cocktailkirsche zur Deko
Außerdem:
Eiswürfel | Shaker | Barsieb | Trinkhalm

Für 1 großes Cocktailglas (30 cl)
Pro Drink ca. 95 kcal, 1 g EW, 0 g F, 24 g KH

1 Grapefruitsaft, Ananassaft, Limettensaft, Limettensirup, Zuckersirup sowie 4 Eiswürfel in den Shaker geben. Den Shaker verschließen und ca. 20 Sek. kräftig schütteln.

2 Den Drink durch das Barsieb auf 4 frische Eiswürfel in das Cocktailglas gießen. Mit eiskaltem Ginger Ale aufgießen. Die Cocktailkirsche dekorativ hineinsetzen und den Drink mit Trinkhalm servieren.

kommt nie aus der Mode

Shirley Temple

3 cl frisch gepresster Orangensaft
2 cl frisch gepresster Limettensaft
eiskalte klare Zitronenlimonade zum Aufgießen
½ cl Grenadinesirup (siehe S. 9)
1 Cocktailkirsche zur Deko
Außerdem:
Eiswürfel | Shaker | Barsieb | Trinkhalm

Für 1 Longdrinkglas (25 cl)
Pro Drink ca. 75 kcal, 0 g EW, 0 g F, 10 g KH

1 Orangen- und Limettensaft sowie 4 Eiswürfel in den Shaker geben. Den Shaker verschließen und ca. 20 Sek. kräftig schütteln.

2 Den Drink durch das Barsieb auf 4 frische Eiswürfel in das Glas gießen. Mit eiskalter Zitronenlimonade aufgießen und den Grenadinesirup darüber laufen lassen. Die Cocktailkirsche dekorativ hineinsetzen und den Drink mit Trinkhalm servieren.

VARIANTE

Für diesen Klassiker gibt es zig Rezept-Versionen. Diese hier geht fix und schmeckt auch sehr gut: 4 Eiswürfel in das Longdrinkglas geben. 8 cl Ananassaft und 4 cl Maracujanektar darüber gießen und einmal kurz durchrühren. Mit eiskalter klarer Zitronenlimonade aufgießen.

hinten: Planters Placebo Punch | vorne: Shirley Temple

für Caipi-durstige Autofahrer

Ipanema

Caipirinha ohne Alkohol darf in der »Promillefrei-Bar« nicht fehlen! Muss auch nicht – hier gleich drei Varianten …

1 Bio-Limette
2 TL brauner Rohrohrzucker
3 cl Rose's Lime Juice
eiskalte klare Zitronenlimonade zum Aufgießen
Außerdem:
Stößel | gestoßenes Eis | 2 kurze Trinkhalme

Für 1 Tumbler (20 cl)
Pro Drink ca. 100 kcal, 1 g EW, 0 g F, 23 g KH

1 Die Limette heiß waschen, trockenreiben und achteln. In das Glas geben, mit dem Zucker bestreuen und mit dem Stößel gut zerquetschen.

2 Das Glas etwa zur Hälfte mit gestoßenem Eis auffüllen. Den Lime Juice darüber gießen und einmal kurz durchrühren. Den Drink mit Zitronenlimonade aufgießen und mit Trinkhalmen servieren.

VARIANTEN

Wenn's weniger süß sein soll, ist der One Jule die richtige Wahl: 1 Bio-Limette heiß waschen, trockenreiben und achteln. Mit 2 cl Rose's Lime Juice in ein Glas (20 cl) geben und mit dem Stößel gut zerquetschen. Das Glas bis kurz unter den Rand mit gestoßenem Eis auffüllen. Mit eiskaltem kohlensäurehaltigem Mineralwasser aufgießen und mit 2 kurzen Trinkhalmen servieren.

Mehr Frucht gewünscht? Dann ist die Passionata angesagt: 1 Bio-Limette wie beschrieben mit 2 TL braunem Rohrohrzucker im Glas mit dem Stößel gut zerquetschen. Das Glas bis kurz unter den Rand mit gestoßenem Eis auffüllen. 6 cl Maracujanektar darüber gießen und einmal kurz durchrühren. Mit eiskaltem kohlensäurehaltigem Mineralwasser aufgießen und mit 2 kurzen Trinkhalmen servieren.

sowohl süß als auch feinherb

Mädchen mit Plan

5 Kumquats (Zwergorangen, ca. 60 g) | 2 cl Limettensirup (siehe S. 9) | 1 cl Orangenblütenwasser (aus Apotheke oder Orientladen) | 2 cl frisch gepresster Orangensaft | 2 cl Pfirsichnektar | eiskaltes Orange Bitter zum Aufgießen
Außerdem:
Stößel | gestoßenes Eis | Trinkhalm

Für 1 Longdrinkglas (25 cl)
Pro Drink ca. 165 kcal, 1 g EW, 0 g F, 30 g KH

1 Die Kumquats heiß waschen, trockenreiben und in Scheiben schneiden. Dabei die Kerne mit einem spitzen kleinen Küchenmesser entfernen. Kumquat-Scheiben, Limettensirup und Orangenblütenwasser ins Glas geben. Mit dem Stößel gut zerquetschen.

2 Das Glas mit gestoßenem Eis auffüllen, Orangensaft und Pfirsichnektar darüber gießen, einmal kurz durchrühren. Mit Orange Bitter aufgießen und mit Trinkhalm servieren.

süß-sauer | minzefrisch

Dragonfly

1 Bio-Zitrone | 15 Blättchen frische Minze | 1–2 cl Zuckersirup (siehe S. 8) | 6 cl Birnensaft | eiskaltes Ginger Ale zum Aufgießen
Außerdem:
Stößel | gestoßenes Eis | Trinkhalm

Für 1 großes Cocktailglas (30 cl)
Pro Drink ca. 90 kcal, 1 g EW, 0 g F, 26 g KH

1 Die Zitrone heiß waschen, trockenreiben und vierteln. Die sichtbaren Kerne mit einem spitzen Messer herausstechen. Die Minze kalt abspülen und trockentupfen. Zitronenstücke, Minze und Zuckersirup in das Cocktailglas geben und mit dem Stößel gut zerquetschen.

2 Das Glas bis kurz unter den Rand mit gestoßenem Eis auffüllen. Den Birnensaft darüber gießen und einmal kurz durchrühren. Mit eiskaltem Ginger Ale aufgießen und mit Trinkhalm servieren.

schmeckt nach Süden | aromatisch-süß

La Corse

Würziger Thymian an saftiger Melone – schmeckt wie Urlaub unter flirrender Mittelmeersonne … Unbedingt probieren!

60 g orangefarbenes Melonenfruchtfleisch (z. B. Cantaloupe-Melone)
2 cl Himbeer-Muttersaft (Reformhaus)
2 cl Orangen-Thymian-Sirup (siehe S. 9; ersatzweise Orangensirup)
eiskalte klare Zitronenlimonade zum Aufgießen
4–5 Himbeeren zur Deko | Cocktailspieß
Außerdem:
Standmixer | gestoßenes Eis | Trinkhalm

Für 1 Longdrinkglas (25 cl)
Pro Drink ca. 150 kcal, 1 g EW, 0 g F, 24 g KH

1 Für die Deko die Himbeeren waschen, trockentupfen und auf dem Cocktailspieß aneinanderreihen. Für den Drink das Melonenfruchtfleisch fein würfeln. Mit Himbeersaft und Orangen-Thymian-Sirup im Mixer durchmixen, bis eine homogene Flüssigkeit entstanden ist.

2 Das Glas bis kurz unter den Rand mit gestoßenem Eis füllen. Den Drink darüber gießen, mit Zitronenlimonade aufgießen und einmal kurz durchrühren. Den Cocktailspieß auf den Glasrand legen und den Drink mit Trinkhalm servieren.

RATZFATZ-VARIANTE

Das Glas etwa zur Hälfte mit gestoßenem Eis füllen. 6 cl Apfelsaft und 2 cl Orangen-Thymian-Sirup darüber gießen. Mit eiskalter, klarer Zitronenlimonade oder Ginger Ale aufgießen – fertig!

Freshmaker in knallrot

Seven o'Clock

Frisch, fruchtig, süß und sauer – mehr Geschmack lässt sich in einen Drink fast nicht hineinmixen. Kühlt an heißen Tagen!

Cranberry-Fruchtsaftgetränk für die Cubes
3 cl Lime-Mint-Sirup (siehe S. 9; ersatzweise 2½ cl Limettensirup und ½ cl klarer Pfefferminzsirup)
4 cl roter Traubensaft
eiskaltes kohlensäurehaltiges Mineralwasser zum Aufgießen
1 Minzestängel zur Deko
Außerdem:
Eiswürfelschale | Eismühle | Trinkhalm

Für 1 Longdrinkglas (25 cl)
Pro Drink ca. 175 kcal, 0 g EW, 0 g F, 44 g KH

1 Am Vortag für die Cubes (Eiswürfel) die Eiswürfelschale mit Cranberry-Fruchtsaftgetränk füllen und über Nacht ins Gefrierfach stellen.

2 Am nächsten Tag für die Deko den Minzestängel waschen, trockenschütteln. Für den Drink 6–7 Cranberry-Cubes in der Eismühle crushen, das Glas damit füllen. Lime-Mint-Sirup und Traubensaft darüber gießen, einmal kurz durchrühren. Mit Mineralwasser aufgießen, mit dem Minzestängel garnieren und mit Trinkhalm servieren.

TIPP – COOL AUF VORRAT

Diese Cubes peppen Mineralwasser, Zitronenlimonade, Cola und Konsorten lecker auf: 2 Teile Lime-Mint-Sirup und 3 Teile Wasser mischen. In die Eiswürfelschale gießen und mindestens 12 Std. ins Gefrierfach stellen.

hinten: La Corse | vorne: Seven o'Clock

süß-sauer-feinherbe Vielfalt

Dritte Dimension

½ Bio-Limette
4 Blättchen Zitronenmelisse
2 cl Zuckersirup (siehe S. 8)
4 cl Maracujanektar
2 cl Bananennektar
eiskaltes alkoholfreies Bier zum Aufgießen
1 Stängel Zitronenmelisse zur Deko
Außerdem:
Stößel | Eiswürfel | Shaker | Barsieb | Trinkhalm

Für 1 großes Cocktail- oder Bierglas (30 cl)
Pro Drink ca. 130 kcal, 1 g EW, 0 g F, 34 g KH

1 Für die Deko den Zitronenmelissestängel waschen und trockenschütteln.

2 Für den Drink die Limette heiß waschen, trockenreiben und vierteln. Mit den 4 Melisseblättchen und dem Zuckersirup in den Shaker geben. Mit dem Stößel gut zerquetschen. Den Maracuja- und den Bananennektar sowie 4 Eiswürfel dazugeben. Den Shaker verschließen und ca. 20 Sek. kräftig schütteln.

3 Den Drink durch das Barsieb auf 4 frische Eiswürfel in das Cocktailglas gießen. Vorsichtig mit Bier aufgießen. Den Melissestängel hineinstecken und den Drink mit Trinkhalm servieren.

viel Aroma unter viel Schaum

Weißkäppchen

6 cl roter Johannisbeernektar
2 cl Himbeer-Muttersaft (Reformhaus)
1 cl Vanillesirup (siehe S. 8)
1 cl Zuckersirup (siehe S. 8)
3 Prisen Zimtpulver
eiskaltes alkoholfreies Bier zum Aufgießen
Außerdem:
Eiswürfel | Shaker | Barsieb | Trinkhalm

Für 1 Longdrinkglas (25 cl)
Pro Drink ca. 120 kcal, 0 g EW, 0 g F, 30 g KH

1 Johannisbeernektar, Himbeersaft, Vanille- und Zuckersirup, Zimtpulver sowie 4 Eiswürfel in den Shaker geben. Diesen gut verschließen und ca. 20 Sek. kräftig schütteln.

2 Den Drink durch das Barsieb auf 4 frische Eiswürfel in das Glas gießen und ganz vorsichtig mit Bier aufgießen. Mit Trinkhalm servieren.

GRÜNE VARIANTE

Lust auf mehr fruchtig Zischendes? Dann probieren Sie unbedingt mal den Rasierten Kaktus: 4 cl Ananassaft, 1½ cl frisch gepresster Limettensaft, 1½ cl Blue-Curaçao-Sirup sowie 4 Eiswürfel in den Shaker geben. Verschließen und ca. 20 Sek. kräftig schütteln. Durch das Barsieb auf 4 frische Eiswürfel in ein Cocktailglas gießen. 4 cl Orange Bitter darüber gießen, kurz durchrühren und vorsichtig mit eiskaltem alkoholfreiem Bier aufgießen. Mit Trinkhalm servieren.

vorne: Dritte Dimension | hinten: Weißkäppchen

aufsteigende Röte im Glas

Flush of Shame

1 Bio-Limette | 4 cl Kirschsaft | 1 Spritzer frisch gepresster Limettensaft | 1 cl Grenadinesirup (siehe S. 9) | 1 cl alkoholfreier Bitterextrakt (z. B. Monin Bitter) | 3 cl kohlensäurehaltiges Mineralwasser | eiskaltes Tonic Water zum Aufgießen

Außerdem:

Eiswürfel | Shaker | Barsieb | Trinkhalm

Für 1 Longdrinkglas (25 cl)
Pro Drink ca. 75 kcal, 0 g EW, 0 g F, 18 g KH

1 Die Limette heiß waschen, trockenreiben, quer in 8 dünne Scheiben schneiden und abwechselnd je 2 Limettenscheiben und insgesamt 4 Eiswürfel in das Glas schichten. Kirschsaft, Limettensaft, Grenadinesirup, Bitterextrakt sowie 4 Eiswürfel im Shaker ca. 20 Sek. kräftig schütteln.

2 Den Drink durch das Barsieb in das vorbereitete Glas gießen. Mineralwasser zugeben, mit eiskaltem Tonic Water aufgießen und mit Trinkhalm servieren.

prickelnd minzefrisch

Laying a Lawn

½ Bio-Orange | 12 Minzeblättchen | 1 TL brauner Rohrohrzucker | 6 cl naturtrüber Apfelsaft | eiskalte Bionade »Kräuter« (siehe S. 40, ersatzweise Ginger Ale) zum Aufgießen | 1 cl grüner Pfefferminzsirup (siehe S. 8) | 1 Minzestängel zur Deko

Außerdem:

Shaker | Stößel | Eiswürfel | Barsieb | Trinkhalm

Für 1 Longdrinkglas (25 cl)
Pro Drink ca. 135 kcal, 0 g EW, 0 g F, 32 g KH

1 Die Orange heiß waschen, trockenreiben, achteln. Mit Minzeblättchen und Zucker im Shaker mit dem Stößel gut zerquetschen. Apfelsaft sowie 4 Eiswürfel dazugeben. Den Shaker verschließen und ca. 20 Sek. kräftig schütteln.

2 Den Drink durch das Barsieb auf 4 frische Eiswürfel in das Glas gießen. Mit Bionade aufgießen. Den Pfefferminzsirup am Glasrand in den Drink laufen lassen. Mit Minzestängel und Trinkhalm servieren. Vor dem Trinken einmal durchrühren.

erst süß und weich, dann feinherb

Erster Sonnenstrahl

4 cl Birnensaft | 3 cl Bananennektar | 1 cl frisch gepresster Zitronensaft | 1 cl frisch gepresster Limettensaft | eiskaltes Tonic Water zum Aufgießen

Außerdem:

Eiswürfel | Shaker | Barsieb | Trinkhalm

Für 1 Tumbler (20 cl)
Pro Drink ca. 70 kcal, 0 g EW, 0 g F, 16 g KH

1 Birnensaft, Bananennektar, Zitronen- und Limettensaft sowie 4 Eiswürfel in den Shaker geben. Den Shaker gut verschließen und ca. 20 Sek. kräftig schütteln.

2 Den Drink durch das Barsieb auf 4 frische Eiswürfel in das Glas gießen. Mit Tonic Water aufgießen und den Drink mit Trinkhalm servieren.

spritziger Aperitif

Goldfisch

4 cl Pfirsichnektar | 3 cl Papayanektar (Asienladen) | 1 cl frisch gepresster Limettensaft | 1 cl Mandelsirup (Orgeat) | ½ cl Rosenwasser (aus Apotheke oder Orientladen; nach Belieben) | eiskalter alkoholfreier Sekt zum Aufgießen

Außerdem:

Eiswürfel | Shaker | Barsieb

Für 1 Sektflöte (20 cl)
Pro Drink ca. 100 kcal, 0 g EW, 0 g F, 24 g KH

1 Pfirsich- und Papayanektar, Limettensaft, Mandelsirup, nach Belieben Rosenwasser sowie 4 Eiswürfel in den Shaker geben. Den Shaker gut verschließen und ca. 20 Sek. kräftig schütteln. Den Drink durch das Barsieb in die Sektflöte gießen und mit alkoholfreiem Sekt aufgießen.

VARIANTE FÜR KINDER

Gießen Sie den Fruchtdrink (besser ohne Rosenwasser mixen) mit Orangen- oder Zitronenlimonade auf.

tropensüß

Waikiki-Beach-Bowle

Für Langfinger mit Lust auf tropische Aromen: Mango, Ananas und Banane mit feiner Vanille veredelt.

½ nicht zu weiche Mango (ca. 230 g)
1 Scheibe Ananas (ca. 225 g)
1 Banane (ca. 165 g)
3 cl frisch gepresster Limettensaft
1 Vanilleschote | 6 cl Maracujanektar
3 cl ungesüßte Kokosmilch (aus der Dose)
3 cl Kokossirup
eiskalte klare Zitronenlimonade zum Aufgießen
Außerdem:
4 Trinkhalme | 4 lange Löffel

Für 4 Longdrinkgläser (à 25 cl)
Pro Drink ca. 135 kcal, 1 g EW, 1 g F, 30 g KH

1 Die Mango mit dem Sparschäler schälen. Das Fruchtfleisch vom Stein schneiden, fein würfeln und in eine Schüssel geben. Die Ananasscheibe schälen und fein würfeln. Zur Mango geben. Die Banane schälen, in Scheiben schneiden und untermischen. Sofort mit Limettensaft beträufeln.

2 Die Vanilleschote längs aufschlitzen. Das Mark mit einem spitzen Messer herauskratzen – direkt auf den Früchtemix. Maracujanektar, Kokosmilch und Kokossirup unterrühren. Zugedeckt im Kühlschrank ca. 3 Std. durchziehen lassen.

3 Den Fruchtcocktail auf 4 Gläser verteilen und mit Zitronenlimonade aufgießen. Die Bowle mit Trinkhalmen und langen Löffeln servieren.

feinherb-spritzig

Buon-Giorno-Bowle

Bella Italia zum Schmecken nah: mit saftiger Melone, zuckersüßen Aprikosen – und natürlich Basilikum.

3–4 Aprikosen (ca. 130 g)
130 g grünes Melonenfruchtfleisch (z. B. Honigmelone) | 1 Stängel Basilikum
6 cl frisch gepresster Orangensaft
2 cl frisch gepresster Zitronensaft
2 cl Grenadinesirup
1 cl alkoholfreier Bitterextrakt (z. B. Monin Bitter)
eiskalte Orangenlimonade und eiskalter alkoholfreier Sekt (ersatzweise Orange Bitter) zum Aufgießen
Außerdem:
4 Trinkhalme | 4 lange Löffel

Für 4 Longdrinkgläser (à 25 cl)
Pro Drink ca. 60 kcal, 1 g EW, 0 g F, 10 g KH

1 Die Aprikosen waschen, halbieren, dabei vom Kern lösen. Das Fruchtfleisch fein würfeln und in eine Schüssel geben. Das Melonenfruchtfleisch fein würfeln und dazugeben. Den Basilikumstängel waschen, trockenschütteln und obenauf legen.

2 Orangensaft, Zitronensaft, Grenadinesirup und Bitterextrakt unter die Früchte mischen. Zugedeckt im Kühlschrank ca. 3 Std. durchziehen lassen.

3 Den Basilikumstängel entfernen und den Fruchtcocktail auf 4 Gläser verteilen. Zu gleichen Teilen mit Orangenlimonade und alkoholfreiem Sekt aufgießen. Die Bowle mit Trinkhalmen und langen Löffeln servieren.

vorne: Waikiki-Beach-Bowle | hinten: Buon-Giorno-Bowle

exotisch-leichter Pick-Me-Up

Happy as a Sandboy

25 g Mangofruchtfleisch | 3 cl klarer Apfelsaft | 1 cl Ananassaft | ½–1 cl Limettensirup (siehe S. 9) | eiskalte klare Zitronenlimonade und eiskaltes Orange Bitter zum Aufgießen

Außerdem:

gestoßenes Eis | Standmixer

Für 1 Longdrinkglas (25 cl)
Pro Drink ca. 125 kcal, 0 g EW, 0 g F, 30 g KH

1 Das Mangofruchtfleisch fein würfeln. Mit Apfelsaft, Ananassaft, Limettensirup sowie 2–3 EL gestoßenem Eis in den Mixer geben. Durchmixen, bis eine homogene Flüssigkeit entstanden ist. Diese in das Glas gießen und zu gleichen Teilen mit Zitronenlimonade und Orange Bitter aufgießen.

CREMIGE VARIANTE

Die Mengen von Mangofruchtfleisch, Apfelsaft, Ananassaft und Limettensirup jeweils verdoppeln, mit 5 EL gestoßenem Eis durchmixen und in das Glas gießen.

fruchtig-süüüß | Hit für Kids

HollerHochZwei

5 Erdbeeren (ca. 40 g) | 2 cl Johannisbeernektar | 1 cl Holunderblütensirup (siehe S. 8) | ½ cl Waldmeistersirup | eiskalte Bionade »Holunder« zum Aufgießen (ersatzweise 1 weiteren cl Holunderblütensirup sowie Zitronenlimonade)

Außerdem:

Standmixer | gestoßenes Eis | Trinkhalm

Für 1 Longdrinkglas (25 cl)
Pro Drink ca. 100 kcal, 0 g EW, 0 g F, 23 g KH

1 Die Erdbeeren waschen, entkelchen, vierteln. Im Mixer mit Johannisbeernektar und den Sirupen durchmixen. Den Drink ins Glas gießen, dieses zur Hälfte mit gestoßenem Eis füllen. Mit Bionade aufgießen und mit Trinkhalm servieren.

GUT ZU WISSEN

Bionade ist eine durch Fermentation hergestellte Limonade in Bio-Qualität, die es in Bioläden und schon so manchem Supermarkt zu kaufen gibt.

feinherb-fruchtig | schön schaumig

Bubble Bath

½ Orange | 2 cl Mangonektar (aus dem Asienladen) | ½ cl Maracujanektar | 2–3 Lime-Mint-Cubes (siehe Tipp S. 33) | eiskaltes Bitter Lemon zum Aufgießen

Außerdem:

Standmixer | Trinkhalm

Für 1 großes Cocktailglas (30 cl)
Pro Drink ca. 105 kcal, 1 g EW, 0 g F, 25 g KH

1 Die Orange so schälen, dass auch die weiße Innenhaut mit entfernt wird. Die Fruchtfleischfilets mit einem scharfen Messer aus den Trennhäutchen direkt in den Mixer schneiden, damit nichts vom aromatischen Saft verloren geht.

2 Mit Mangonektar und den Lime-Mint-Cubes durchmixen, bis eine homogene Flüssigkeit entstanden ist. Den Drink in das Glas gießen. Mit Bitter Lemon aufgießen und mit Trinkhalm servieren.

aromatisch-frisch

Bitte Lila!

8 Minzeblättchen | 3 EL Schattenmorellen (aus dem Glas; ca. 75 g) | 4 cl starker kalter Hagebuttentee | 1 cl Zuckersirup | eiskaltes Kombucha (Wellnessdrink auf Teebasis) zum Aufgießen

Außerdem:

Standmixer | gestoßenes Eis | Trinkhalm

Für 1 großes Weinglas (30 cl)
Pro Drink ca. 125 kcal, 1 g EW, 0 g F, 30 g KH

1 Die Minzeblättchen waschen, trockentupfen. Mit den Schattenmorellen, Hagebuttentee und Zuckersirup in den Mixer geben. Durchmixen, bis eine homogene Flüssigkeit entstanden ist.

2 Den Drink in das Glas gießen und dieses bis kurz unter den Rand mit gestoßenem Eis füllen. Mit Kombucha aufgießen und mit Trinkhalm servieren.

Creeemig …

Cremige Drinks mit weißen »Weichspülern«, die soft die Kehle hinunter rinnen: hmmm! Statt sie aber mit Sahne & Co. zu »erschlagen«, lasse ich lieber anderen Aromen den Vortritt. Zum Beispiel feinsäuerlichem Granatapfelsaft, der den Kleinen Grenadier zu etwas ganz Besonderem – und meinem Liebling! – macht.

Kleiner Grenadier

½ Bio-Orange
½ Granatapfel
5 Himbeeren (am besten TK)
3 cl Sahne
1½ cl Grenadinesirup (siehe S. 9)
Für die Deko:
Grenadinesirup (siehe S. 9) | Kristallzucker
Außerdem:
Standmixer | gestoßenes Eis

Für 1 Cocktailschale (15 cl)
Pro Drink ca. 220 kcal, 2 g EW, 10 g F, 31 g KH

1 Für die Deko den Grenadinesirup und den Zucker jeweils auf einen flachen Teller geben. Die Cocktailschale erst in den Sirup, dann in den Zucker tupfen. Überschüssigen Zucker durch leichtes Klopfen am Glas entfernen.

2 Für den Drink die Orange so schälen, dass auch die weiße Innenhaut entfernt wird. Die Fruchtfilets mit einem scharfen Messer aus den Trennhäutchen direkt in den Mixer schneiden. Den Granatapfel mit Hilfe der Zitronenpresse auspressen (Vorsicht, das spritzt!), 5 cl Saft abmessen und ebenfalls in den Mixer geben.

3 Die gefrorenen TK-Himbeeren, Sahne und Grenadinesirup dazugeben und durchmixen, bis eine homogene Flüssigkeit entstanden ist. 1–2 EL gestoßenes Eis in die vorbereitete Cocktailschale häufeln und den Drink darüber gießen. Sofort servieren.

LONGDRINK-VARIANTE

Die zweite Granatapfelhälfte auspressen und den Saft mitmixen. Ein großes Cocktailglas (30 cl) zur Hälfte mit gestoßenem Eis füllen, den Drink darüber gießen und mit Trinkhalm servieren.

sahniger Tropenklassiker

Baby Piña Colada

1 Scheibe frische Ananas (ca. 110 g)
3 cl Ananassaft
2 cl ungesüßte Kokosmilch (aus der Dose)
2 cl Sahne
1 cl Zuckersirup (siehe S. 8)
1 TL Kokosflocken
Für die Deko:
1/4 Scheibe frische Ananas
1 Cocktailkirsche
Cocktailspieß
Außerdem:
Standmixer | gestoßenes Eis | Trinkhalm

Für 1 großes Cocktailglas (30 cl)
Pro Drink ca. 205 kcal, 1 g EW, 9 g F, 30 g KH

1 Für die Deko das Ananasviertel bis zur Mitte einschneiden und an den Glasrand stecken. Die Cocktailkirsche aufspießen und hineinstecken.

2 Für den Drink die Ananasscheibe schälen. Das Fruchtfleisch fein würfeln und in den Mixer geben. Mit Ananassaft, Kokosmilch, Sahne, Zuckersirup und den Kokosflocken durchmixen, bis eine homogene Flüssigkeit entstanden ist.

3 Das Cocktailglas etwa bis zur Hälfte mit gestoßenem Eis füllen und den Drink darüber gießen. Mit Trinkhalm servieren.

cooler Hängemattendrink

Coconut Kiss

8 cl frisch gepresster Orangensaft
2 cl Ananassaft
6 cl ungesüßte Kokosmilch (aus der Dose)
1 cl Kokossirup
1 cl Zuckersirup (siehe S. 8)
1/4 Bio-Orange + abgeriebene Schale von 1 Bio-Orange zur Deko
Außerdem:
Eiswürfel | Shaker | Barsieb | Trinkhalm

Für 1 Longdrinkglas (25 cl)
Pro Drink ca. 230 kcal, 1 g EW, 13 g F, 27 g KH

1 Für die Deko die Orangenschale auf einen flachen Teller geben. Den Glasrand im Orangenviertel drehen und in die Orangenschale tupfen. Überschüssige Orangenschale durch leichtes Klopfen am Glas entfernen.

2 Für den Drink Orangensaft, Ananassaft, Kokosmilch, Kokos- und Zuckersirup sowie 4 Eiswürfel in den Shaker geben. Den Shaker verschließen und ca. 20 Sek. kräftig schütteln. Den Drink durch das Barsieb auf 4 frische Eiswürfel in das vorbereitete Glas gießen. Mit Trinkhalm servieren.

VARIANTE – CINDERELLA

Wie beschrieben einen Drink aus 8 cl frisch gepresstem Grapefruitsaft, 8 cl Ananassaft, 2 cl Sahne, 2 cl Kokossirup und 1 cl Grenadinesirup (siehe S. 9) shaken und auf Eiswürfel in ein Logdrinkglas gießen. Mit Ananasblättchen dekorieren und mit Trinkhalm servieren.

vorne: Baby Piña Colada | hinten: Coconut Kiss

rinnt ungebremst die Kehle hinunter

ABS Orange

4 cl frisch gepresster Orangensaft
4 cl Aprikosennektar | 2 cl Birnensaft
2 cl Sahne | 1½ cl Haselnuss-Sirup
4 Prisen gemahlene getrocknete Orangenschale
Für die Deko:
1 Orangenscheibe | gemahlene getrocknete Orangenschale zum Bestreuen (nach Belieben)
Außerdem:
Eiswürfel | Shaker | Barsieb | Trinkhalm

Für 1 Longdrinkglas (25 cl)
Pro Drink ca. 165 kcal, 1 g EW, 6 g F, 25 g KH

1 Für die Deko die Orangenscheibe bis zur Mitte einschneiden und an den Glasrand stecken. Für den Drink Orangensaft, Aprikosennektar, Birnensaft, Sahne, Haselnuss-Sirup, gemahlene Orangenschale sowie 4 Eiswürfel in den Shaker geben. Den Shaker verschließen und ca. 20 Sek. kräftig schütteln.

2 Den Drink durch das Barsieb auf 4 frische Eiswürfel in das vorbereitete Glas gießen. Nach Belieben mit gemahlener Orangenschale bestreuen und mit Trinkhalm servieren.

FEINHERBE VARIANTE

Statt mit Haselnuss-Sirup können Sie den Drink auch einmal mit der gleichen Menge Orangen-Thymian-Sirup (siehe S. 9) shaken – so schmeckt der ABS Orange im Sommer fein!

fruchtig-würzig

Miss Piggy

4 cl Cranberry-Fruchtsaftgetränk
3 cl Kirschsaft
3 cl Sahne
1 cl Grenadinesirup (siehe S. 9)
1 cl Mandelsirup (Orgeat)
3 Prisen gemahlener Kardamom
Für die Deko:
gemahlene Mandeln
¼ Bio-Zitrone
Außerdem:
Eiswürfel | Shaker | Barsieb | Trinkhalm

Für 1 Tumbler (20 cl)
Pro Drink ca. 210 kcal, 1 g EW, 10 g F, 28 g KH

1 Für die Deko die Mandeln auf einen flachen Teller geben. Den Rand des Glases im Zitronenviertel drehen und in die gemahlenen Mandeln tupfen. Überschüssige Mandeln durch leichtes Klopfen am Glas entfernen.

2 Cranberry-Fruchtsaftgetränk, Kirschsaft, Sahne, Grenadine- und Mandelsirup, Kardamom sowie 4 Eiswürfel in den Shaker geben. Den Shaker verschließen und ca. 20 Sek. kräftig schütteln. Den Drink durch das Barsieb auf 4 frische Eiswürfel in das vorbereitete Glas gießen und sofort mit Trinkhalm servieren.

hinten: ABS Orange | vorne: Miss Piggy

säuerlich-prickelnder Kinderspaß

Barberpapa

3 EL Rhabarberkompott (Fertigprodukt aus dem Glas) | 1 cl Waldmeistersirup | 4 cl Milch | eiskalte klare Zitronenlimonade zum Aufgießen

Außerdem:

Standmixer | gestoßenes Eis | Trinkhalm

Für 1 Longdrinkglas (25 cl)
Pro Drink ca. 80 kcal, 2 g EW, 1 g F, 15 g KH

1 Rhabarberkompott, Waldmeistersirup und Milch in den Mixer geben. Durchmixen, bis eine homogene Flüssigkeit entstanden ist.

2 Das Glas bis knapp unter den Rand mit gestoßenem Eis füllen. Den Drink darüber gießen, mit Zitronenlimonade aufgießen und kurz durchrühren. Den Drink mit Trinkhalm servieren.

für rosige Zeiten

Plümerant

1 rote Pflaume (ca. 90 g) | 3 cl Aprikosennektar | 4 cl Milch | 1 EL Dickmilch | 2 cl Limettensirup (siehe S. 9)

Außerdem:

Standmixer | gestoßenes Eis | Trinkhalm

Für 1 großes Cocktailglas (30 cl)
Pro Drink ca. 160 kcal, 3 g EW, 2 g F, 32 g KH

1 Die Pflaume waschen und trockentupfen. Das Fruchtfleisch vom Stein schneiden, fein würfeln und in den Mixer geben. Aprikosennektar, Milch, Dickmilch, Limettensirup sowie 5 EL gestoßenes Eis hinzufügen.

2 Durchmixen, bis eine homogene Flüssigkeit entstanden ist. Diese in das Cocktailglas gießen und den Drink mit Trinkhalm servieren.

fruchtig-frisches Drink-Dessert

Rosa Brille

naturtrüber Apfelsaft für die Apple-Cubes | 45 g orangefarbenes Melonenfruchtfleisch (z. B. Cantaloupe-Melone) | 9 Himbeeren (frisch oder TK) | 4 Blättchen Zitronenmelisse | 4 cl Reis-Drink (aus Reformhaus oder Bioladen; ersatzweise Milch)

Außerdem:

Eiswürfelbehälter | Standmixer | Eismühle

Für 1 Cocktailschale (15 cl)
Pro Drink ca. 80 kcal, 1 g EW, 1 g F, 16 g KH

1 Am Vortag den Eiswürfelbehälter mit Apfelsaft füllen. Mindestens 12 Std. ins Gefrierfach stellen.

2 Am nächsten Tag das Melonenfruchtfleisch fein würfeln. Himbeeren und Zitronenmelisse waschen und trockentupfen. Beides mit dem Reis-Drink sowie 4–5 Apple-Cubes in den Mixer geben. Durchmixen, bis eine homogene Flüssigkeit entstanden ist. Diese in das Glas gießen und sofort servieren.

mandelsanft und kefirfrisch

Pi-Pa-Oh!

2 Aprikosen (ca. 100 g) | 4 cl Pfirsichnektar | 3 cl Milch | 2 cl Kefir | 2 cl Mandelsirup (Orgeat)

Für die Deko:

gemahlene Mandeln | 1/4 Bio-Zitrone

Außerdem:

Standmixer | gestoßenes Eis | Trinkhalm

Für 1 Longdrinkglas (25 cl)
Pro Drink ca. 155 kcal, 3 g EW, 1 g F, 33 g KH

1 Für die Deko die Mandeln auf einen flachen Teller geben. Den Glasrand im Zitronenviertel drehen und in die gemahlenen Mandeln tupfen.

2 Die Aprikosen waschen, trockentupfen und entsteinen. Das Fruchtfleisch fein würfeln. Mit Pfirsichnektar, Milch, Kefir und Mandelsirup im Mixer durchmixen, bis eine homogene Flüssigkeit entstanden ist. Das vorbereitete Glas etwa zur Hälfte mit gestoßenem Eis füllen. Den Drink darüber gießen und mit Trinkhalm servieren.

gefährlich gut

Scene of Crime

Sie können diesen fruchtig-süßen Digestif auch mit Vollmilch- oder Edelbitterschokolade mixen.

1 Stückchen weiße Schokolade (ca. 10 g)
6 cl Milch | 10 TK-Himbeeren
2 cl Kirschsaft
1 cl Vanillesirup (siehe S. 8)
etwas geriebene weiße Schokolade zur Deko
Außerdem:
Standmixer | Eiswürfel | Shaker | Barsieb

Für 1 Cocktailschale (15 cl)
Pro Drink ca. 105 kcal, 3 g EW, 5 g F, 11 g KH

1 Die Schokolade in der Milch bei mittlerer Hitze unter Rühren schmelzen lassen. In ca. 15 Min. stark abkühlen lassen. Dabei ab und zu umrühren, damit sich keine Haut bildet.

2 Die gefrorenen TK-Himbeeren in den Mixer geben, mit Kirschsaft übergießen und 3–4 Min. antauen lassen. Anschließend durchmixen, bis ein homogenes Mus entstanden ist. Dieses in die Cocktailschale gießen.

3 Die abgekühlte Schokomilch, Vanillesirup sowie 4 Eiswürfel in den Shaker geben, verschließen und ca. 20 Sek. kräftig schütteln. Durch das Barsieb vorsichtig auf das Himbeerpüree in der Cocktailschale gießen, so dass sich zwei leicht ineinander übergehende Farbschichten ergeben. Mit geriebener weißer Schokolade bestreuen und mit Trinkhalm servieren. Vor dem Trinken einmal durchrühren.

schokominzig

After Eight

Dieser Schoko-Drink belebt nach acht Uhr morgens und abends gleichermaßen ...

1 Stückchen Edelbitterschokolade (75 % Kakaoanteil; ca. 10 g)
6 cl eiskalte Milch | 4 cl eiskalte Sahne
1 cl Rose's Lime Juice (ersatzweise 1 Spritzer frisch gepresster Limettensaft)
1 cl Zuckersirup (siehe S. 8)
1 cl grüner Pfefferminzsirup (siehe S. 8) + 1 TL zur Deko
Außerdem:
Standmixer | gestoßenes Eis | kurzer Trinkhalm

Für 1 Cocktailschale (15 cl)
Pro Drink ca. 285 kcal, 4 g EW, 18 g F, 28 g KH

1 Die Schokolade fein reiben und in den Mixer geben. Mit Milch, Sahne, Lime Juice, Zucker- und Pfefferminzsirup durchmixen, bis eine homogene Flüssigkeit entstanden ist.

2 2 EL gestoßenes Eis in die Cocktailschale häufeln und den Drink darüber gießen. Den Pfefferminzsirup dekorativ darüber laufen lassen. Den Schoko-Drink mit Trinkhalm servieren. Vor dem Trinken einmal durchrühren.

SÜSSE VARIANTE

Statt mit Pfefferminzsirup können Sie den Drink auch mit der gleichen Menge Kirschsirup mixen. Oder mit je 1 cl Pfefferminzsirup und Kirschsirup – in diesem Fall auf den Zuckersirup verzichten.

hinten: Scene of Crime | vorne: After Eight

winterlicher »Wow«-Digestif

Doppelter Apfelberger

Hier sind die Grenzen zwischen Drink und Dessert fließend. Ebenso die im Glas zwischen Apfelschnee und Marzipansahne ...

naturtrüber Apfelsaft für die Cubes
1 EL Rosinen
4 cl naturtrüber Apfelsaft
10 g Marzipanrohmasse
4 cl Sahne
2 cl Milch
ca. 50 g säuerlicher Apfel (z. B. Granny Smith)
1 cl frisch gepresster Zitronensaft
1 cl Zuckersirup (siehe S. 8)
Außerdem:
Eiswürfelbehälter | Standmixer | Eismühle

Für 1 Cocktailschale (15 cl)
Pro Drink ca. 360 kcal, 3 g EW, 16 g F, 48 g KH

1 Für die Cubes (Eiswürfel) den Eiswürfelbehälter mit Apfelsaft füllen. Mindestens 12 Std. ins Gefrierfach stellen. Die Rosinen in einem kleinen Schälchen mit 4 cl Apfelsaft mischen. Zugedeckt mindestens 12 Std. einweichen.

2 Am nächsten Tag die Marzipanrohmasse fein würfeln. Mit Sahne und Milch in einen kleinen Topf geben und darin bei mittlerer Hitze unter ständigem Rühren erhitzen, bis eine homogene Flüssigkeit entstanden ist. Abkühlen lassen.

3 Den Apfel schälen, entkernen und fein reiben. In den Mixer geben und sofort mit Zitronensaft und Zuckersirup beträufeln. Die Marzipansahne sowie die eingeweichten Rosinen mit der Einweichflüssigkeit zugeben und durchmixen, bis eine homogene Flüssigkeit entstanden ist.

4 4–5 Apple-Cubes in der Eismühle crushen und eisbergartig in die Cocktailschale häufeln. Den Drink rundherum angießen, so dass eine Apfelschnee-Spitze herausragt. Sofort servieren.

ingwerwürzige Fruchtbombe

Tangerine Dream

½ Blutorange | ¼ säuerlicher Apfel (ca. 50 g; z. B. Braeburn) | 2 cl frisch gepresster Orangensaft | ½ TL frisch gehackter Ingwer (ca. 5 g) | 4 cl Buttermilch | 2 cl Limettensirup (siehe S. 9)
Außerdem:
Standmixer | gestoßenes Eis

Für 1 Longdrinkglas (25 cl)
Pro Drink ca. 130 kcal, 1 g EW, 0 g F, 31 g KH

1 Die Orange so schälen, dass auch die weiße Innenhaut entfernt wird. Die Fruchtfilets mit einem scharfen Messer aus den Trennhäutchen direkt in den Mixer schneiden. Den Apfel schälen, entkernen und das Fruchtfleisch in den Mixer reiben. Sofort Orangensaft, Ingwer, Buttermilch und Limettensirup hinzufügen. Durchmixen, bis eine homogene Flüssigkeit entstanden ist. Das Glas etwa zur Hälfte mit gestoßenem Eis füllen und mit dem Drink begießen. Einmal kurz durchrühren.

nussig-mild | birnenfein

Walnut Groves

½ vollreife Birne (ca. 110 g) | 5 cl Johannisbeernektar | 4 Walnusskernhälften | 3 cl Buttermilch | 2 cl Sahne | 1 cl Grenadinesirup (siehe S. 9)
Außerdem:
Standmixer | gestoßenes Eis | Trinkhalm

Für 1 Longdrinkglas (25 cl)
Pro Drink ca. 210 kcal, 2 g EW, 10 g F, 26 g KH

1 Die Birne schälen, das Kerngehäuse entfernen. Das Fruchtfleisch fein würfeln und in den Mixer geben. Sofort den Johannisbeernektar zugeben.

2 Die Walnüsse klein hacken. Mit Buttermilch, Sahne und Grenadinesirup ebenfalls in den Mixer geben. Durchmixen, bis eine homogene Flüssigkeit entstanden ist.

3 Das Glas etwa zur Hälfte mit gestoßenem Eis füllen. Den Drink darüber gießen, einmal kurz durchrühren und mit Trinkhalm servieren.

Einsame-Insel-Traum

Cast Away

Träumen und trinken Sie sich in die Südsee. Einfach die Augen schließen, am Drink nippen – und los geht's!

4–5 Lychees (Litschis, ca. 60 g)
80 g orangefarbenes Melonenfruchtfleisch (z. B. Cantaloupe-Melone)
4 cl Ananassaft
4 cl ungesüßte Kokosmilch (aus der Dose)
2 cl Vanillesirup (siehe S. 8)

Für die Deko:
Kokosflocken | 1/4 Bio-Zitrone

Außerdem:
Standmixer | gestoßenes Eis | Trinkhalm

Für 1 großes Cocktailglas (30 cl)
Pro Drink ca. 255 kcal, 2 g EW, 9 g F, 42 g KH

1 Für die Deko die Kokosraspel auf einen flachen Teller geben. Den Glasrand im Zitronenviertel drehen und in die Kokosflocken tupfen. Überschüssige Kokosflocken durch leichtes Klopfen am Glas entfernen.

2 Die Lychees schälen, das Fruchtfleisch vom Kern direkt in den Standmixer schneiden. Das Melonenfruchtfleisch fein würfeln. Mit Ananassaft, Kokosmilch und Vanillesirup zu den Lychees geben. Durchmixen, bis eine homogene Flüssigkeit entstanden ist.

3 Das Cocktailglas etwa zur Hälfte mit gestoßenem Eis füllen. Den Drink darüber gießen, kurz durchrühren und mit Trinkhalm servieren.

exotischer Digestif

Baby Yane

Limette, Melisse plus Papaya und Kokosmilch: zitronig-frisch und sanft-süß –

1/2 Bio-Limette
12 Blättchen Zitronenmelisse
2 cl Zuckersirup (siehe S. 8)
7 cl Papayanektar (aus dem Asienladen)
3 cl ungesüßte Kokosmilch (aus der Dose)
1 kleiner Stängel Zitronenmelisse zur Deko

Außerdem:
Shaker | Stößel | Eiswürfel | Barsieb

Für 1 Cocktailschale (15 cl)
Pro Drink ca. 180 kcal, 1 g EW, 6 g F, 32 g KH

1 Für die Deko den Zitronenmelissestängel waschen, trockenschütteln. Für den Drink die Limette heiß waschen, trockenreiben und vierteln. Mit den 12 Zitronenmelisseblättchen und dem Zuckersirup in den Shaker geben und mit dem Stößel gut zerquetschen.

2 Papayanektar, Kokosmilch sowie 4 Eiswürfel dazugeben. Den Shaker verschließen, ca. 20 Sek. kräftig schütteln. Den Drink durch das Barsieb in die Cocktailschale gießen. Mit dem Stängel Zitronenmelisse garnieren und sofort servieren.

TIPP – EINFACH TAUSCHEN

Papayanektar bekommen Sie im Asienladen. Wenn nicht, können Sie ihn auch gegen Aprikosen- oder Pfirsichnektar austauschen. Beide gibt's im Getränkeregal im Supermarkt um die Ecke.

vorne: Cast Away | hinten: Baby Yane

duftig-süß

Blaue Blume

Super cremig und trotzdem fettarm: Dank Reis-Drink setzt die Blaue Blume garantiert nicht an…

½ Kiwi (ca. 45 g)
3 Lychees (Litschis, ca. 35 g)
7 cl Reis-Drink (aus Reformhaus oder Bioladen; ersatzweise Milch)
1 cl Zuckersirup (siehe S. 8)
1 cl Blue-Curaçao-Sirup
Außerdem:
Standmixer | gestoßenes Eis | Trinkhalm

Für 1 großes Weinglas (30 cl)
Pro Drink ca. 145 kcal, 1 g EW, 1 g F, 33 g KH

1 Die Kiwi mit dem Sparschäler schälen. Das Fruchtfleisch fein würfeln und in den Mixer geben. Die Lychees schälen, das Fruchtfleisch vom Stein direkt in den Mixer schneiden.

2 Reis-Drink, Zucker- und Blue-Curaçao-Sirup dazugeben. Durchmixen, bis eine homogene Flüssigkeit entstanden ist.

3 Das Glas etwa zur Hälfte mit gestoßenem Eis füllen. Den Drink darüber gießen. Einmal kurz durchrühren und mit Trinkhalm servieren.

VARIANTE IN ORANGE

Statt der grünen ½ gelbe Kiwi (Gold-Kiwi) verwenden und den Blue-Curaçao-Sirup durch Orangensirup (siehe Seite 9) ersetzen – so wird aus der Blauen Blume eine Orange Flower.

sahniger Vitaminkick | für Kids

Tropifrutti

Ein Smoothie der Extraklasse: Viel Frucht plus Sahne-Joghurt, der das Exotentrio schön rund und weich

1 Stück vollreifes Mangofruchtfleisch (ca. 80 g)
6 Physalis (Kapstachelbeeren; ca. 30 g)
3 cl Maracujanektar
2 EL griechischer Sahne-Joghurt (10% Fett)
1–2 cl Limettensirup (siehe S. 9)
Außerdem:
gestoßenes Eis | Standmixer | Trinkhalm

Für 1 großes Cocktailglas (30 cl)
Pro Drink ca. 185 kcal, 2 g EW, 6 g F, 36 g KH

1 Das Mangofruchtfleisch fein würfeln und in den Mixer geben. Die Physalis aus ihren braunen Pergamentblättern lösen, waschen, trockentupfen, halbieren und ebenfalls in den Mixer geben.

2 Maracujanektar, Joghurt, Limettensirup sowie 4–5 EL gestoßenes Eis dazugeben. Durchmixen, bis eine homogene Flüssigkeit entstanden ist und diese in das Weinglas gießen. Den Drink mit Trinkhalm servieren.

links: Tropifrutti | rechts: Blaue Blume

España olé!

Mandelmilch

1 Kugel Vanilleeis (Fertigprodukt; ca. 50 g)
6 cl Milch
2 cl Sahne
1 cl Mandelsirup (Orgeat)
½ cl Zuckersirup (siehe S. 8)
2 EL gemahlene Mandeln

Außerdem:
Standmixer | gestoßenes Eis | Trinkhalm

Für 1 Longdrinkglas (25 cl)
Pro Drink ca. 290 kcal, 6 g EW, 19 g F, 25 g KH

1 Das Vanilleeis mit Milch, Sahne, Mandel- und Zuckersirup sowie den gemahlenen Mandeln in den Mixer geben. Durchmixen, bis eine homogene Flüssigkeit entstanden ist.

2 Das Glas etwa bis zur Hälfte mit gestoßenem Eis füllen. Den Drink darüber gießen und mit Trinkhalm servieren.

säuerlich-frischer Kinderspaß

Purple Puck

1 Kugel Zitronensorbet (Fertigprodukt; ca. 50 g)
50 g TK-Heidelbeeren
4 cl Johannisbeernektar
2 EL griechischer Sahne-Joghurt (10 % Fett)
1 cl Limettensirup (siehe S. 9)

Außerdem:
Standmixer | gestoßenes Eis | Trinkhalm

Für 1 großes Cocktailglas (30 cl)
Pro Drink ca. 185 kcal, 2 g EW, 5 g F, 33 g KH

1 Das Zitronensorbet, die gefrorenen TK-Heidelbeeren, Johannisbeernektar, Sahne-Joghurt und Limettensirup in den Mixer geben. Alles durchmixen, bis eine homogene Flüssigkeit entstanden ist.

2 Das Glas etwa zu einem Drittel mit gestoßenem Eis füllen. Den Drink darüber gießen und mit Trinkhalm servieren.

verschärft schokoladig

Ice & Spice

1 EL Schattenmorellen (aus dem Glas)
1 Kugel Schokoladeneis (Fertigprodukt; ca. 50 g)
4 cl Kirschsaft | 6 cl Milch
1 cl Grenadinesirup (siehe S. 9)
2–3 Prisen Cayennepfeffer
Schokoraspel zur Deko
Außerdem:
Standmixer | gestoßenes Eis | Trinkhalm

Für 1 großes Weinglas (30 cl)
Pro Drink ca. 185 kcal, 4 g EW, 7 g F, 27 g KH

1 Die Schattenmorellen in das Glas geben. 3 EL gestoßenes Eis darauf geben. Schokoladeneis, Kirschsaft, Milch, Grenadinesirup und Cayennepfeffer im Mixer durchmixen, bis eine homogene Flüssigkeit entstanden ist.

2 Diese in das vorbereitete Weinglas gießen. Mit Schokoraspel bestreuen und den Drink mit Trinkhalm servieren.

belebender Digestif

Kikeriki

4 cl Bananennektar
1 cl frisch gepresster Grapefruitsaft
½ cl frisch gepresster Zitronensaft
3 cl Sahne
1½ cl Waldmeistersirup
Außerdem:
Eiswürfel | Shaker | Barsieb

Für 1 Cocktailschale (15 cl)
Pro Drink ca. 175 kcal, 1 g EW, 10 g F, 20 g KH

1 Bananennektar, Grapefruitsaft, Zitronensaft, Sahne, Waldmeistersirup sowie 4 Eiswürfel in den Shaker geben. Den Shaker verschließen und ca. 20 Sek. kräftig schütteln.

2 Den Drink durch das Barsieb in die Cocktailschale gießen und sofort servieren.

Damit Sie Rezepte mit bestimmten Zutaten noch schneller finden können, stehen in diesem Register zusätzlich auch beliebte Zutaten wie **Ananas** und **Grenadinesirup** – ebenfalls alphabetisch geordnet und **hervorgehoben** – über den entsprechenden Rezepten.

DIE GU-QUALITÄTS-GARANTIE

Wir möchten Ihnen mit den Informationen und Anregungen in diesem Buch das Leben erleichtern und Sie inspirieren, Neues auszuprobieren. Alle Informationen werden von unseren Autoren gewissenhaft erstellt und von unseren Redakteuren sorgfältig ausgewählt und mehrfach geprüft. Deshalb bieten wir Ihnen eine 100%ige Qualitätsgarantie. Sollten wir mit diesem Buch Ihre Erwartungen nicht erfüllen, lassen Sie es uns bitte wissen! Wir tauschen Ihr Buch jederzeit gegen ein gleichwertiges zum gleichen oder ähnlichen Thema um. Wir freuen uns auf Ihre Rückmeldung, auf Lob, Kritik und Anregungen, damit wir für Sie immer besser werden können.

GRÄFE UND UNZER Verlag
Leserservice
Postfach 86 03 13
81630 München
E-Mail:
leserservice@graefe-und-unzer.de

Telefon: 00800 / 72 37 33 33*
Telefax: 00800 / 50 12 05 44*
Mo–Do: 9.00 – 17.00 Uhr
Fr: 9.00 – 16.00 Uhr
(gebührenfrei in D, A, CH)*

Ihr GRÄFE UND UNZER Verlag
Der erste Ratgeberverlag – seit 1722.

KV

Projektleitung: Sabine Schlimm, Tanja Dusy
Lektorat: Anne Lenk
Layout, Typografie und Umschlaggestaltung: independent Medien-Design, Horst Moser, München
Satz: Liebl Satz+Grafik, Emmering
Herstellung: Petra Roth
Reproduktion:
Penta Repro, München
Druck und Bindung:
Schreckhase, Spangenberg
Printed in Germany

ISBN 978-3-8338-0305-5
12. Auflage 2016

Umwelthinweis

Dieses Buch ist auf PEFC-zertifiziertem Papier aus nachhaltiger Waldwirtschaft gedruckt. Um Rohstoffe zu sparen, haben wir auf Folienverpackung verzichtet.

GRÄFE UND UNZER

Ein Unternehmen der
GANSKE VERLAGSGRUPPE

Die Autorin

Alessandra Redies hat eine große Leidenschaft: Mixen, Schütteln, Rühren. So stammen aus ihrer Feder bereits Erfolgstitel wie »Cocktails«, »Cocktails & Drinks« und »Cocktail-Party-Box«. Sie entwickelt aber nicht nur neue Ideen für spritzige Drinks, sondern arbeitet auch als Kochbuch-Redakteurin im GRÄFE UND UNZER VERLAG.

Der Fotograf

Michael Brauner arbeitete nach Abschluss der Fotoschule in Berlin als Fotoassistent bei namhaften Fotografen in Frankreich und Deutschland und machte sich 1984 selbstständig. Sein individueller, atmosphärenreicher Stil wird überall geschätzt: in der Werbung ebenso wie in vielen bekannten Verlagen.

Bildnachweis

Titelbild: Joerg Lehmann, Paris; alle anderen: Michael Brauner, Karlsruhe

Titelbild

Rechts: Jungle Boogie (Seite 11); links: Cast Away (Seite 55)

Syndication:
www.jalag-syndication.de

www.facebook.com/gu.verlag

Appetit auf mehr?

ISBN 978-3-8338-4123-1

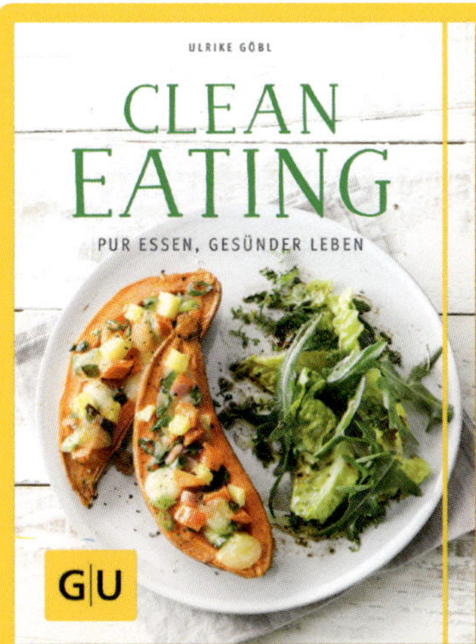

ISBN 978-3-8338-4796-7

ISBN 978-3-8338-3964-1

Laden im App Store

ISBN 978-3-8338-4475-1

ISBN 978-3-8338-3771-5

Alle hier vorgestellten Bücher sind auch als eBook erhältlich.

G|U

Willkommen im Leben.

Mehr von GU auf **www.gu.de** und
facebook.com/gu.verlag

Mit wenig Aufwand aufgepeppt

An sich schon eine Augenweide: Drinks von leuchtend rot über knallorange bis strahlend türkis. Dann noch schön dekoriert – perfekt!

Fruchtspieße Frische Früchte auf einen Cocktailspieß – schon ist eine der einfachsten und besten Drink-Dekorationen gezaubert. Himbeeren, Physalis oder Erdbeeren können Sie im Ganzen aufspießen, größere Kaliber wie Ananas, Pfirsiche oder Bananen vorher in gleichmäßig große Würfel, Spalten oder Scheiben schneiden. Wichtig bei Bananenscheiben: Vor dem Aufspießen in etwas Zitronensaft wenden, sonst verfärben sie sich braun und werden unansehlich.
Bei der Auswahl der Dekofrüchte am besten an den Drinkzutaten orientieren: Die verwendeten Fruchtsäfte und/oder -sirupe sind beste Vorgabe für die Bestückung des Cocktailspießes.

Schalenspiralen von Bio-Zitrusfrüchten wie Limetten, Orangen und Zitronen peppen Drinks auf ebenso simple wie attraktive Weise auf: Von der gewünschten Frucht einfach mit dem Sparschäler ein dünnes Stück Schale spiralenartig abschälen und an den Glasrand hängen. Da die Schale zwangsläufig in Kontakt mit dem Drink kommt, unbedingt Bio-Früchte verwenden.
Grüne Apfelschalen-Spiralen peppen rote Drinks auf. Legen Sie die Apfelschale zuvor in etwas Zitronensaft ein, damit sie nicht braun wird.

Bunte Glasränder sorgen für lustige Farbkontraste. Den Glasrand erst in einen Sirup mit satter Farbe (z. B. roten Grenadine- oder blauen Blue-Curaçao-Sirup) tupfen und dann in einem flachen Teller mit Zucker drehen. Oder den Glasrand zunächst in einem Zitronenviertel drehen und anschließend in einen flachen Teller mit der abgeriebenen Schale von 1 Bio-Zitrone oder -Orange tupfen. Überschüssiger Zucker bzw. überschüssige Schale lässt sich durch leichtes Klopfen am Glas leicht entfernen. Schön für Tropical-Drinks: ein Rand aus Kokosflocken.

Kräuterstängel von Minze bis Zitronenmelisse hübschen in erster Linie die Drinks auf, die als Zutat schon würziges Grün enthalten. Ein Stängel Zitronenmelisse passt aber im Grunde in jeden Drink und veredelt ihn auf duftende Weise.

Bunte Eiswürfel (Ice Cubes) machen sich gut in leicht transparenten Drinks. Besonders viel her machen solche mit eingefrorenen »Schätzen«. Dafür ganze Beeren (Erdbeeren, Himbeeren, Brombeeren) oder kleine Stücke von z. B. Pfirsichen, Ananas und Orangen in die Eiswürfelschale geben, mit Wasser bedecken und einfrieren. Auch gefrorene Fruchtsaftwürfel setzen Farbakzente – bei der Wahl des Saftes darauf achten, dass er geschmacklich zum Drink passt.

Schirmchen, Flitter & Co. gibt's in großer Auswahl im Haushaltswarengeschäft und in den entsprechenden Abteilungen der Kaufhäuser. Im Zuge der Retro-Welle sind sie wieder richtig angesagt, machen überhaupt keine Arbeit und setzen tropisch inspirierte Drinks von Jungle Boogie (Seite 11) bis Coconut Kiss (Seite 44) perfekt in Szene. Wenn da mal keine Südseestimmung aufkommt …